Michaela Kalkowski

Wunibald Müller
Gönne dich dir selbst

Wunibald Müller

Gönne dich dir selbst

Von der Kunst, sich gut zu sein

Vier-Türme-Verlag

Die Deutsche Bibliothek – CIP-Einheitsaufnahme
Ein Titeldatensatz für diese Publikation ist bei
Der Deutschen Bibliothek erhältlich.

9. überarbeitete und neugestaltete Auflage 2002,
(vormals Münsterschwarzacher Kleinschriften, Band 89)
© Vier-Türme GmbH, Verlag, Münsterschwarzach 2001
Umschlaggestaltung und Satzentwurf: Elisabeth Petersen,
München
Umschlagbild: Siede Preis (Photodisc, Hamburg)
Satz: Vier-Türme GmbH, Benedict Press,
Münsterschwarzach
Druck und Bindung: Friedrich Pustet, Regensburg
ISBN 3-87868-274-3

Inhalt

Denke daran: Gönne dich dir selbst.
Ich sage nicht: Tu das immer,
ich sage nicht, tu das oft, aber ich sage:
Tu es immer wieder einmal. Sei wie für alle
anderen auch für dich selbst da,
oder jedenfalls sei es nach allen anderen.

Bernhard von Clairvaux

Vorwort

»Gönne dich dir selbst« – so schrieb Bernhard von Clairvaux vor über 800 Jahren an Papst Eugen III., von dem er den Eindruck hatte, daß er sich völlig verausgabt hatte. Die Worte Bernhard von Clairvaux' sollen uns durch dieses Buch begleiten.

Manch einer mag über diesen Rat des Heiligen stutzen, klingt doch eine solche Einstellung mitunter recht egoistisch. Und doch ist sie nichts anderes als eine Akzentuierung des Hauptgebotes Jesu: »Liebe deinen Nächsten wie dich selbst«. Denn, wie vermag ich Gott und meine Mitmenschen wahrhaft zu lieben, wenn ich mich selbst nicht zu lieben vermag? Meister Eckehart bringt das mit folgenden Worten auf den Punkt: »Hast du dich selbst lieb, so hast du alle Menschen lieb wie dich selbst ... So steht es recht mit einem solchen Menschen, der sich selbst lieb hat und alle Menschen so lieb wie sich selbst, und mit dem ist es gar recht bestellt.« Und Thomas Merton glaubt, »daß wir Gott nicht vollkommen lieben können, außer wir lieben uns selbst vollkommen.«

Diese Liebe zu sich selbst, die sich unter anderem in der Sorge um sich und der Wertschätzung zeigt, die einer für sich selbst empfindet, fehlt vielen

Menschen. Sie gehen auf in der Sorge um andere, geben dabei mehr, als sie eigentlich haben, mit dem Ergebnis, daß sie sich zunehmend verausgaben. Da sie die Sorge um sich selbst vernachlässigen, sich nicht immer wieder einmal auch sich selbst gönnen, brennen sie innerlich aus. Sie übersehen, daß wir immer wieder neue körperliche, psychische und spirituelle Energie tanken müssen, um mit Freude und echter Hingabe für andere dasein zu können.

Solche Menschen entdecke ich überall und in allen Berufen, besonders aber in helfenden Berufen. Sie verfügen oft nur über ein geringes Selbstwertgefühl und nehmen sich selbst nicht an. Je mehr sie dazu fähig werden, sich zu bejahen, sich anzunehmen, desto mehr sind sie auch wieder in der Lage, sich so für Gott und andere Menschen einzusetzen, daß das den anderen und ihnen selbst zum Segen gereicht. Auch machen sie dann zunehmend die Erfahrung, daß sie empfänglich sind für die Sorge und die Zuneigung anderer ihnen gegenüber. Sie fühlen, daß sie eine solche Zuneigung verdienen. Dankbar nehmen sie Gottes Kuß an und lassen sich von ihm innerlich berühren. Der Weg dahin ist oft nicht leicht, und nicht selten sind wir es selbst, die uns dabei am meisten im Wege stehen.

Ich freue mich, daß *Gönne dich dir selbst* mit der achten Auflage nun eine besondere Ausstattung erhält. Sehr viele Menschen haben mir seit seinem ersten Erscheinen geschrieben oder im persönlichen Gespräch erzählt, wie viel es ihnen gegeben habe. Bei manchen hat es zu weitreichenden persönlichen und beruflichen Konsequenzen geführt. Mein Wunsch ist, daß es weiterhin so segensreich wirkt.

Martin Hell und Andreas Wagner vom Vier-Türme-Verlag danke ich für wertvolle Anregungen. Das Buch widme ich meinem Freund Norbert Kandler zu seinem 50. Geburtstag.

Dich, werter Leser, werte Leserin, will ich mit diesem Buch dazu ermutigen, dir selbst gut zu sein, und dir die ersten Schritte zeigen, derer es dazu bedarf: Ich lade dich ein, dich auf meine Anregungen einzulassen. Dazu ist es wichtig, daß du sie nicht nur vom Kopf her verstehst, sondern sie auch dein Herz und deine Seele erreichen. Dann hast du eine gute Chance, daß du dich immer wieder einmal dir selbst gönnst.

Wunibald Müller

*Sei du für dich selber der erste und letzte
Gegenstand des Nachdenkens. Fange damit
an, daß du über dich selbst nachdenkst,
damit du dich nicht selbst vergessen nach
anderem ausstreckst. Was nützt es dir, wenn
du die ganze Welt gewinnst und einzig dich
verlierst?*

Bernhard von Clairvaux

1.

Der Narr seines Mitleids

*I*n den Erzählungen aus 1001 Nacht findet sich folgende Geschichte, in der ein junger Mann aus Mitleid einen gelähmten Greis ein Stück des Weges trägt.

Der junge Mann hat Mitleid – Mitleid, du Narr, warum hast du Mitleid? ... er beugt sich wirklich hilfreich nieder und setzt sich den alten Mann huckepack auf den Rücken.

Aber dieser scheinbar hilflose Greis ist ein Djin, ein böser Greis, ein schurkischer Zauberer, und kaum daß er dem jungen Mann auf den Schultern sitzt, krümmt er plötzlich seine knorrigen nackten Schenkel um die Kehle seines Wohltäters und ist nicht mehr abzuschütteln. Unbarmherzig macht er den Hilflosen zu seinem Reittier, er peitscht, der Rücksichtslose, der Mitleidlose, den Mitleidigen weiter und weiter, ohne ihm Rast zu gönnen. Und der Unselige muß ihn tragen, wohin jener es heischt, er hat von nun an keinen Willen mehr. Er ist das Reittier, er ist der Sklave des Elenden geworden, und ob ihm auch die Knie wanken und die Lippen verschmachten, er muß, der Narr seines Mitleids,

fort und fort traben und den bösen, den verruch-
ten, den listigen alten Mann als sein Schicksal auf
dem Rücken schleppen.

Ist das nicht ein Bild, das sehr plastisch und dra-
matisch zugleich die Situation vieler Männer und
Frauen einfängt, die ausgebrannt sind? Sie sind aus-
gezogen, um anderen zu helfen oder um das Beste
für ihre Firma zu geben. Sie erleben sich dabei hilf-
los wie Gefangene in einem System und in einem
Netz von Beziehungen, Verpflichtungen und Abhän-
gigkeiten. Und sie wollen heraus, wollen all das,
was sie gebeugt einhergehen läßt, was ihnen die Lust
am Leben und an der Arbeit nimmt, abschütteln.
Doch, so scheint es, jeder Versuch ist zum Schei-
tern verurteilt. Ja, sie geraten immer mehr in die
Abhängigkeit dieses Monstrums, das sie zu beherrschen scheint.

Dieses Monstrum hat viele Gesichter. Einmal
entdecken sie in ihm Menschen, die an ihnen ziehen und zerren. Dann steht dieses Monstrum für
die Gesellschaft und die Institutionen, in denen sie
arbeiten: Da sehen sie dann den Chef, den Dienst-
plan, die Firma, die Behörde. Manchmal, wenn sie
genauer auf dieses Monstrum hinsehen, erschrek-
ken sie fast zu Tode. Denn sie entdecken: Es sind
sie selbst, die da auf ihrem Rücken hocken, sich
nicht mehr loslassen und sich das Leben zur Hölle
machen. Sie sehen dann ihrer Arbeitswut ins Ge-

sicht, für die die Leistung zur Lust geworden ist. Vor allem aber begegnen sie dem Sklavenhalter in ihnen selbst, der sie mit seiner Unbarmherzigkeit knechtet. Sie begegnen in diesem bösartigen Kobold ihrer Unbarmherzigkeit und Lieblosigkeit sich selbst gegenüber.

Fang also damit an, über dich selbst nachzudenken und nicht nur dies: Laß dein Nachdenken auch bei dir selbst zum Abschluß kommen. Wohin deine Gedanken auch schweifen mögen, rufe sie zu dir selbst zurück und du erntest Früchte des Heiles.

Bernhard von Clairvaux

2.

Die Kunst, sich gut zu sein

Um mir gut zu sein, genügt nicht ein Make-up, das nur kurz anhält, lediglich meine Oberfläche berührt, nicht tiefer in mich einwirkt. Sich gut sein, das kann dann nicht nur darin bestehen, sich ein extra Stück Torte zu gönnen – so sehr ich das jedem gönne – oder eine gute Flasche Wein zu leeren oder sich endlich die schicke Bluse zu kaufen, die man sich lange versagte. Sich gut sein, kann sich dann letztlich auch nicht darauf beschränken, zum Friseur zu gehen, um sich eine neue Frisur machen zu lassen, so sehr das einem für den Moment auch gut tun mag. Wie hieß es doch so schön in einer Anzeige, auf die mich meine Frau vor einigen Wochen aufmerksam machte: »Seit zwei Jahren bin ich auf der Suche nach einem neuen Selbst. Und jetzt genügten zwei Stunden bei meinem Friseur, ein neues Ich zu finden.«

Um mir wirklich gut zu sein, müssen alle Kräfte in mir und die Einflüsse um mich herum mitmachen, muß es zu einer »konzertierten Aktion« in eigener Sache kommen, einem Zusammenspiel zu meinem Wohle. Denn was nützt es mir, wenn ich mir etwas Schönes zum Essen gönne, mich körperlich durch Schwimmen, Spazierengehen, Radfahren usw. fit halte, meinen Arbeitsbereich klar umschreibe, innerlich aber zum Beispiel niedergehalten werde durch Schuldgefühle, die mit ihren Vorwürfen gegen mich selbst mir die Lust am Leben nehmen? Oder was nützen mir noch so gut gemeinte Vorsätze, der Freizeit, der Muse, dem Spielerischen in meinem Leben mehr Platz einzuräumen, wenn ich dann immer wieder von einem scheinbar unwiderstehlichen Drang eingeholt werde, der mich an die Arbeit kettet? Oder was nützt aller gute Wille, mir gut zu sein, auf meine Grenzen zu achten, wenn institutionell bedingte Regelungen mich fesseln und ständig meine Vorsätze vereiteln?

Sich gut zu sein, ist in der Tat eine Kunst. Fingerspitzengefühl und Intuition, aber auch harte Arbeit und Disziplin sind dazu notwendig. Auf der anderen Seite läßt sich nicht immer und im voraus festlegen, was es denn heißt, sich gut zu sein, was das erfordert. Es gibt nicht einfach einen Katalog, ein Rezept, an dem ich mich nur zu orientieren brauche. Die Kunst, sich gut zu sein, ist nicht einfach etwas Statisches. Sie ist etwas Dynamisches. Sie verlangt von mir, meine eigene persönliche Situation, meine Aufgabe, mein Umfeld, meine Wertvorstellungen mit zu berücksichtigen, flexibel und kreativ aus dem Stand heraus, Entscheidungen zu treffen und dann auch entsprechend umzusetzen.

Wenn du dein ganzes Leben und Erleben
völlig ins Tätigsein verlegst und keinen Raum
mehr für die Besinnung vorsiehst,
soll ich dich da loben? Darin lobe ich dich
nicht. Ich glaube, niemand wird dich loben,
der das Wort Salomons kennt:
»Wer seine Tätigkeit einschränkt, erlangt
Weisheit (Sir 38,25).«

Bernhard von Clairvaux

3.

Einfluß auf die Gestaltung des Tages nehmen

In Afrika, so wurde mir berichtet, werden Lege-
hennen, die vom ständigen Eierlegen besonders erschöpft sind, für einige Tage aus der Menge her-
ausgenommen und in einen gesonderten Raum gebracht, wo sie sich von den Strapazen etwas erho-
len können. Das scheint mir durchaus eine mögli-
che, auf die menschliche Situation übertragbare In-
tervention zu sein, wenn Menschen Gefahr laufen
auszubrennen oder schon ausgebrannt sind: Ich
verlasse für eine Weile die Umgebung, die für mich
mit viel Streß verbunden ist und setze für diese Zeit
die Tätigkeit aus, die mir zur Belastung geworden
ist. Wenn es mir dann wirklich gelingt, den äußeren Abstand nutzend, auch einen inneren Abstand
zu dem, was mich belastet hat, zu finden, kann das
eine wirkungsvolle Weise sein, dem Ausbrennen
etwas entgegenzusetzen.

Nicht selten gelingt es uns jedoch nicht, diese
Distanz zu gewinnen. Unsere alten Verhaltensmuster
holen uns wieder ein. Wir kommen nicht wirklich

zur Ruhe, vermögen uns nicht zu entspannen. Wir kehren zwar etwas gestärkt in die alte Umgebung zurück, jedoch nur, um sehr schnell wieder an dem Punkt angelangt zu sein, der uns veranlaßte, etwas Abstand zu suchen, uns eine Pause zu gönnen.

Manche haben bei ihrem Versuch, einem inneren Ausbrennen vorzubeugen, gute Erfahrungen damit gemacht, im Ablauf eines Tages ganz bewußt Akzente zu setzen, die dazu beitragen können, nicht länger einfach dem Sog eines von außen vorgegebenen Rhythmus zu verfallen. Sie stehen bewußt etwas früher auf, um in Ruhe den Tag beginnen zu können. Sie meditieren, lesen einige Zeilen aus einem Buch, das sie inspiriert, ihnen Gedanken vermittelt, mit denen sie den Tag beginnen und die sie tagsüber begleiten. Manche beginnen den Tag mit einer kurzen Betrachtung oder mit einem Gebet. »Sich Zeit nehmen«, so Bernhard von Clairvaux, »ist die Voraussetzung, um zu sich selbst und zu Gott zu kommen. Denn was ist wesentlicher für den Gottesdienst als das, wozu Gott selbst im Psalm ermahnt: ‚Nehmt Euch Zeit und seht, daß ich Gott bin' (Ps 46,11).«

Ein anderer mag die ersten zehn Minuten des Tages damit verbringen, sich an seine Träume zu erinnern, diese aufzuschreiben und zu versuchen, herauszufinden und nachzuspüren, was sie ihm sagen wollen. Alle genannten Möglichkeiten können dazu beitragen, den Tag bewußt zu beginnen. Sie können mir helfen, mehr mit mir in Berührung zu kommen, auch mit dem, was mich augenblicklich innerlich bewegt.

Wieder andere haben gute Erfahrungen mit Leibarbeit gemacht, z. B. mit Yoga, Eutonie, Tai Chi, den Fünf Tibetern oder autogenem Training. Solche Übungen können ein gutes Gegengewicht zu unseren sonstigen Tätigkeiten und damit verbundenen Bewegungen darstellen.

Ich tue bei all dem vor allem etwas für mich, tue mir etwas Gutes, schenke mir, meiner Befindlichkeit, meinen Gedanken, meinen Sehnsüchten, meinem Leib Aufmerksamkeit. Ich gönne mir etwas.

Und ich tue mir etwas Gutes, wenn ich trotz allem, was mich begrenzt, was mir vorgeschrieben ist, nicht nachlasse herauszufinden, wie ich mein Leben, meinen Tag gestalten kann, wie ich den Spielraum, den ich habe, für mich sichern kann. Ich muß versuchen zu bestimmen, welche Akzente ich bei der Gestaltung des Tages setze. »Auf die Beschaffenheit des Tages selbst einzuwirken, das ist die höchste aller Künste«, sagt Henry Thoreau (1979, 98). Wenn mir das gelingt, entscheide ich mit darüber, wie mein Tagesablauf aussieht, was ich denke, tue, womit ich mich befasse. Zumindest sehe ich die Möglichkeiten, die mir trotz allem Vorgegebenen dazu bleiben.

So bestimme ich, wie ich zum Beispiel meinen Tag beginne und wie ich ihn beende. Und in der Art und Weise, welche Akzente ich setze, kommt zum Ausdruck, wie ich mit mir umgehe, was für eine innere Haltung ich mir selbst gegenüber habe. »Welche Rituale habe ich, den Tag zu beginnen und ihn zu beschließen? Morgens in der letzten Minute aufzustehen und das Frühstück herunterzuschlingen ist auch ein Ritual, aber eines, das krank macht«, sagt Anselm Grün (1992,30). Oder, so fragt er weiter, »wie sieht zum Beispiel der Abend aus? Oft kommt man frustriert von irgendwelchen Sitzungen oder irgendwelcher Arbeit heim und hat dann zu nichts mehr Lust. Man stopft seinen Ärger zu durch Essen, Trinken oder Fernsehen. Dann fällt man müde ins Bett. In den Ritualen soll das zum Ausdruck kommen, was mir wichtig ist, was ich bestärken will. In den Ritualen entdecke ich meine Identität.«

Der Tagesbeginn und der Tagesbeschluß bieten sich in besonderer Weise für solche Rituale an, um auszudrücken, was uns wirklich wichtig ist. Aber solche Rituale im Sinne von Akzentsetzungen können auch in den üblichen Tagesablauf eingebaut werden: Momente, in denen ich mich innerlich oder äußerlich zurückziehe, mit mir in Kontakt komme, für eine Weile bei mir verweile, mir vergegenwärtige, was mich augenblicklich beschäftigt, vielleicht sogar in ein Selbstgespräch darüber trete, dabei all das zulassend, was in mir hochkommt, wie Freude, Frust, Trauer, Ärger, Dankbarkeit, Überdruß. Ein anderer mag die Mittagspause dazu benutzen, ein paar Schritte zu gehen, sich von einer anderen Umgebung etwas ablenken zu lassen, durch eine gemächlichere Gangart den ansonsten von Hektik bestimmten Rhythmus zu unterbrechen. Wieder einem anderen mag ein kurzer Aufenthalt in einer Kirche oder Kapelle, das Eintauchen in den Raum der Stille, ein kurzes Gebet zur Ruhe kommen lassen. Das sind kleine Akzente, Rituale, die uns, wenn wir sie regelmäßig anwenden, helfen können, bei uns selbst zu bleiben.

Wichtig ist, daß wir diesen Ritualen eine große Bedeutung im Ablauf eines Tages einräumen. Ihnen soll mindestens die gleiche Bedeutung zukommen wie den Pflichten, denen wir nachkommen müssen. Die Rituale sollen so etwas wie Eckpfeiler in unserem Tagesablauf darstellen, die deutlich machen, was uns wichtig ist und welche Werte und Einstellungen zum Leben wir pflegen und bestärken wollen. Regelmäßig angewandt, bekräftigen Rituale unseren Weg, unsere Identität. Sie sind ein Schutz, der uns vor Einflüssen und Verhaltensweisen bewahren kann, die unsere Identität bedrohen könnten. Darüber hinaus verbinden uns Rituale mit unserer Seele. Sie lassen uns die Kraft und den Halt spüren, der von unserer Seele ausgeht, wenn wir mit ihr in Berührung sind.

Ich fürchte ... daß du, eingekeilt in deine zahlreichen Beschäftigungen, keinen Ausweg mehr siehst und deshalb deine Stirn verhärtest. Daß du dich nach und nach des Gespürs für einen durchaus richtigen und heilsamen Schmerz entledigst. Es ist viel klüger, du entziehst dich von Zeit zu Zeit deinen Beschäftigungen, als daß sie dich ziehen und dich nach und nach an einen Punkt führen, an dem du nicht landen willst ... An den Punkt, wo das Herz hart wird. Und frage nicht weiter, was damit gemeint sei; wenn du jetzt nicht erschrickst, ist dein Herz schon so weit ...

Bernhard von Clairvaux

4.

Wenn das Herz hart wird

Ich glaube, jeder kennt bei sich selbst oder bei Menschen, mit denen er arbeitet, jene Erfahrung, daß sich das Herz verhärtet, daß anstelle von Mitleid Stumpfsinnigkeit und Gleichgültigkeit getreten sind. Da spricht dann der Seelsorger, der in seiner Gemeinde in einem Jahr achtzig Menschen beerdigt hat, von »achtzig Leichen«, die er in diesem Jahr »hatte«. Oder die Krankenschwester spricht nur noch von der »Galle auf Nummer fünf«. Ärzte, die tagtäglich mit allergrößter menschlicher Not, mit dem Kampf um Leben und Tod in Berührung kommen, stumpfen ab. Da sie keine Form für sich gefunden haben, diese Situation wirklich zur Sprache zu bringen, bleibt ihnen oft nur die Ironie oder der Sarkasmus, um damit fertig zu werden. Die Folge davon ist, daß das Herz des Betreffenden sich immer mehr verschließt. Bernhard von Clairvaux beschreibt den Vorgang wie folgt:

Zunächst kommt dir etwas unerträglich vor. Im Laufe der Zeit gewöhnst du dich vielleicht daran und hältst es nicht mehr für so schwer; es dauert

nicht lange, und es kommt dir leicht vor; es vergeht
nicht viel weitere Zeit, und es sagt dir sogar zu. So
verhärtet man Schritt für Schritt sein Herz, und auf
die Verhärtung folgt die Abneigung.

»Die Wärme, die uns mit der Welt vereint, in der
wir leben, fließt,« so Alexander Lowen (1993,72),
»von unserem Herzen. Das Gefühl der Liebe ist
nichts anderes als diese Wärme. Wenn man ein
erfüllteres und reicheres Leben führen möchte, muß
man sein Herz zuerst dem Leben und der Liebe öff-
nen. Ohne Liebe – zu sich selbst, zu Mitmenschen,
zur Natur, zum Kosmos« – und ich möchte ergän-
zen zu Gott – »ist ein Mensch kalt, isoliert und in-
human, also unmenschlich.«

Ich kann für den anderen da sein, mit ihm fühlen, ihn begleiten und dabei auch etwas von mir
schenken, wenn mein Herz frei ist. Wenn es so geöffnet ist, daß es fließen kann. Dann gehe ich nicht
verkrümmt, mein Herz, meine Seele versteckt hal-
tend, durch das Leben. Gehe ich mit offenem Herzen durch das Leben, dann verlasse ich mich auf
mein Herz. Dann dient mir mein Herz als Radar-
schirm und Kompaß.

Wenn mir das gelingt, muß ich keine Angst haben, daß andere zu kurz kommen. Ich muß zugleich
aber auch keine Angst haben, daß ich zu kurz komme. Gehe ich mit offenem Herzen durch die Welt,
werde ich vieles zulassen können, wird mich vieles

– auch tief – bewegen, werde ich spontan in Aktion treten können. Ich werde zugleich immer wieder beschenkt werden, etwas bekommen, bereichert werden. Wer dagegen mit einem verschlossenen Herzen lebt, könnte, wie es Alexander Lowen sehr treffend ausdrückt, ebenso im Laderaum eines Schiffes auf Kreuzfahrt gehen. Er ahnt und begreift nichts von der Bedeutung, dem Abenteuer, der Erregung und Herrlichkeit des Lebens und vermag auch nicht dem Leben anderer Menschen etwas zu schenken, zu ihrer Lebendigkeit beizutragen.

Wenn ich spüre, daß ich mein Herz verschließe, daß ich Menschen nicht mehr wirklich personal begegne, daß mein Für-sie-Dasein im Grunde genommen in eine innere Ablehnung gegen sie pervertiert wird, kann das ein Zeichen dafür sein, daß ich innerlich ausgebrannt bin. Frustration, Zynismus und Depression charakterisieren dann meine innere Stimmung. Ich verliere meinen Enthusiasmus und meine Kreativität. Mit der Zeit distanziere ich mich innerlich so sehr von denen, denen ich eigentlich helfen sollte, daß ich nicht mehr für sie da bin.

Dazu kommt, daß ich nicht nur immer weniger für den anderen empfinde, sondern auch immer unempfindlicher mir selbst gegenüber werde, das heißt nicht länger in Berührung damit bin, wie es mir geht. Bernhard von Clairvaux meint dazu:

Wo soll ich anfangen? Am besten bei deinen zahlreichen Beschäftigungen, denn ihretwegen habe ich am meisten Mitleid mit dir. Ich kann allerdings nur Mitleid mit dir haben, wenn du selbst Leid empfindest ... Wenn du also leidest, dann empfinde ich Mitleid mit dir; wenn nicht, tust du mir dennoch leid, ja, dann erst recht, denn ich weiß, daß ein Glied, das nichts mehr empfindet, schon ziemlich weit weg vom Heilsein ist, und daß ein Kranker, der gar nichts mehr von seinem Kranksein spürt, in Lebensgefahr schwebt.

Verlaß dich nicht so sehr auf das, was du im Augenblick empfindest. Es gibt in unserem Geist nichts, was sich nicht durch Nachlässigkeit und Zeitverstreichen abschleift. Über eine alte Wunde, die man vernachlässigt, wächst ein Schorf, und je weniger man sie noch spürt, desto unheilbarer wird sie.

*Wenn du ganz und gar für andere da
sein willst, nach dem Beispiel dessen,
der allen alles geworden ist (1 Kor 9,22),
lobe ich deine Menschlichkeit – aber nur,
wenn sie voll und echt ist. Wie kannst du
aber voll und echt Mensch sein,
wenn du dich selbst verloren hast?*

Bernhard von Clairvaux

5.

Bei mir selbst sein

Um zu verhindern, daß mein Herz nicht nur gegenüber den anderen, sondern auch mir selbst gegenüber hart wird, ist es wichtig, immer wieder bei mir einzukehren. Ich tue mir etwas Gutes damit. Ich tue mir etwas Gutes, wenn ich wirklich mit mir in Berührung bin, wenn ich immer wieder ganz bei mir, auf mich hin konzentriert bin, dabei in Berührung bin mit meinen Gefühlen, Empfindungen und meinem Innersten. Als würde ich mich selbst besuchen. Von Karl Valentin stammt der Ausspruch: »Heute besuch' ich mich. Hoffentlich bin ich daheim!« Wenn ich wirklich präsent bin, begegne ich mir. Dann treffe ich wirklich auf mich. Mein Inneres reagiert auf meine Kontaktaufnahme mit mir, wie ich auf einen willkommenen Besuch reagiere. Wenn dieser Kontakt mit mir selbst aber ausbleibt, fehlt mir etwas. Das kann so weit gehen, daß ich mir selbst immer fremder werde, ich den Kontakt mit mir selbst, meinem Innersten, immer mehr verliere. Bis ich vielleicht nur noch ahne, da gibt es doch noch etwas, eine Seite in mir, die irgendwie zu mir gehört, die ich aber aus den Augen verloren habe. Diese Seite von mir, die ganz wesentlich zu mir gehört, wird sich wie verlassen erleben, abgelehnt, ungewollt und leise vor sich hinweinend sich verkriechen. Bernhard von Clairvaux fragt:

Was würde es dir nützen, wenn du – nach dem Wort des Herrn (Mt 16,26) – alle gewinnen, aber als einzigen dich selbst verlieren würdest? Wenn also alle Menschen ein Recht auf dich haben, dann sei auch du selbst ein Mensch, der ein Recht auf sich selbst hat. Warum solltest eigentlich du selbst nichts von dir haben? Wie lange bist du noch ein Geist, der auszieht und nie wieder heimkehrt (Ps 78,39)? Wie lange noch schenkst du allen anderen deine Aufmerksamkeit, nur nicht dir selbst? Bist du dir etwa selbst ein Fremder? Und bist du nicht jedem fremd, wenn du dir selbst fremd bist? Ja, wer mit sich selbst schlecht umgeht, wie kann der gut sein?

Hier wird deutlich, wie wichtig Zeiten der Stille, der Besinnung und der inneren Betrachtung sind. Das sind Momente, in denen ich meiner selbst inne werden kann, wieder mehr mit meinem Inneren in Berührung komme und mich, wie Bernhard von Clairvaux sagt, »ganz nüchtern in den Blick nehme«:

Das Fundament des geistlichen Strebens: Sich selbst
ganz nüchtern in dem Blick nehmen. Die Seele muß
vor allem zunächst einmal über sich selbst Bescheid
wissen. Es ist sowohl um des Erfolgs als auch um
des sinnvollen Vorgehens willen notwendig.

Es gibt kaum etwas wirksameres und entspre-
chenderes, um der Seele diese rechte Demut beizu-
bringen, als daß sie sich einfach im Licht der Wahr-
heit sieht. Die Voraussetzung dafür ist, daß sie sich
nichts vormacht und keinen Betrug im Sinne hat,
sondern sich ganz nüchtern selbst in den Blick
nimmt und sich nicht von sich ablenken läßt.

Wenn ich mich auf mich selbst konzentriere, kann
ich mich leichter von dem befreien, was mich von
außen bestimmt.

Es tut mir gut, meiner gewärtig zu werden, immer wieder zu spüren und zu erfahren, daß ich mehr
und noch einmal etwas anderes bin als das, was
mich durch äußere Bedingungen, Funktionen, Verpflichtungen und Erwartungen zu bestimmen
scheint: mein Status, meine Arbeit, mein Erfolg oder
Mißerfolg. Das, was mich ausmacht, ist mehr. Ich,
mein Selbst existieren unabhängig davon.

Folgende Übung kann mir helfen, wieder mehr mit
meinem Selbst in Berührung zu kommen, wenn ich
spüre, mich so sehr mit äußeren Situationen und

Begebenheiten, mit Erfolgen und Niederlagen, mit Stimmungen und Empfindungen zu identifizieren, daß ich den Bezug zu meiner Mitte, meinem Selbst verliere. Die Übung wurde von Roberto Assagoli entwickelt, dem Begründer der Psychosynthese. Bei dieser Therapieform geht es unter anderem darum, mit Hilfe unseres Selbst, das als gleichbleibende Größe verstanden wird, jene Kräfte und Strebungen in uns, die ihren eigenen Weg, weg von der Mitte gehen wollen, wieder zur Mitte hinzuführen. Die Übung will dazu beitragen, mit der integrierenden Kraft unseres Selbst in Kontakt zu kommen.

Entspanne dich, schließe die Augen und sage zu dir:

Ich habe einen Körper, aber ich bin mehr als mein Körper. Mein Körper mag sich gesund oder krank anfühlen, er mag ausgeruht oder müde sein, er ist ein Teil von mir. Aber was mich, mein Selbst ausmacht, ist mehr als mein Körper. Mein Körper ist mein wertvolles Instrument der Erfahrung und des Handelns in der äußeren Welt. Ich behandle ihn gut. Ich bemühe mich, ihn in guter Gesundheit zu erhalten. Aber das, was mich letztlich ausmacht, worin mein Selbst zum Ausdruck kommt, ist mehr als mein Körper. Ich habe einen Körper, aber ich bin mehr als mein Körper.

*Ich habe Gefühle, aber ich bin mehr als meine Ge-
fühle. Meine Gefühle sind ganz unterschiedlicher
Art. Sie ändern sich ständig. Es sind ganz gegen-
sätzliche Gefühle. Bei all dem weiß ich aber, daß
ich immer ich bleibe, mein Selbst: in Zeiten der
Hoffnung und in Zeiten der Verzweiflung, bei Freude oder bei Schmerz, im Zustand der Verwirrung
oder im Zustand von Ruhe und Gelassenheit. Ich
vermag meine Gefühle zu spüren, in ihnen zu sein,
zugleich aber kann ich sie auch beobachten, verstehen und einsetzen, mit ihnen umgehen. Ich vermag
sie zu lenken und zu nutzen. Das sagt mir: was mich
ausmacht, was mein Selbst ist, ist mehr als meine
Gefühle. Ich habe Gefühle, aber ich bin mehr als
meine Gefühle.*

*Ich habe Wünsche und Sehnsüchte, aber ich bin
mehr als meine Wünsche und Sehnsüchte. Meine
Wünsche und Sehnsüchte kommen aus mir und
kommen aus meiner Umwelt. Sie sind veränderbar
und gegensätzlich. Sie sind gekennzeichnet von
Anziehung und Zurückweisung. Ich habe Wünsche
und Sehnsüchte, aber ich bin mehr als meine Wünsche und Sehnsüchte.*

*Ich habe einen Verstand, aber ich bin mehr als mein
Verstand. Mein Verstand ist mehr oder weniger gut
entwickelt und aktiv. Er ist ein Organ von Wissen*

in bezug auf meine äußere und innere Welt. Aber er
ist nicht mein Selbst. Ich habe einen Verstand, aber
ich bin mehr als mein Verstand.

Das, was ich im Tiefsten bin, was mich ausmacht,
ist mehr als mein Körper, ist mehr als meine Gefüh-
le, ist mehr als meine Wünsche und Sehnsüchte, ist
mehr als meine Gedanken. Es ist mein Selbst, jener
Bereich in mir, der mich trägt, der unveränderlich
ist, der mich zutiefst ausmacht. Mit diesem Bereich
in mir versuche ich, in Berührung zu kommen, ihn
will ich spüren, ihn will ich in mir wirken lassen.
Es ist jener Bereich in mir, der mein Fundament
ausmacht, in dem ich am stärksten zum Ausdruck
komme.

Du tust dir etwas Gutes, gönnst dich dir selbst, wenn
du immer wieder bei dir einkehrst und daher mit
deinem Inneren, deinem Selbst, deiner Seele in Berührung kommst.

Ich kenne Leute, die in der »sozialen Tätigkeit«
aufgehen und nie mit einem Menschen
von Wesen zu Wesen geredet haben.

Martin Buber

6.

Die Kunst, nein zu sagen

Die Kunst, mit mir gut zu sein, ist eng verknüpft mit der Kunst, nein sagen zu können. Ich sage nein zu einer Bitte, einer Aufforderung, einer Erwartung, wenn ein »Ja« *dazu* ein »Nein« *zu mir* beinhalten würde. Es geht hier nicht um ein billiges Nein, ein »Mich-Drücken« vor Verantwortung. Es geht darum, für mich herauszufinden, wann zu meinem Schutze, aus Rücksicht und Fürsorge für mich, mein Nein nicht nur angemessen, sondern geradezu gefordert ist.

Ich kenne Menschen, die hetzen von einem Termin zum anderen. Sie meinen, die ganze Welt beglücken zu müssen. Es kann ihnen tatsächlich passieren, daß sie sich ins Taxi setzen und auf die Frage des Taxifahrers, wohin sie denn wollen, antworten: »Ganz egal, wohin Sie mich fahren. Ich werde überall gebraucht.« Diese Menschen erlebe ich als fließend in dem Sinne, daß ich sie überhaupt nicht zu fassen bekomme, sie für mich keine Konturen haben. Sie erinnern mich an den Ausspruch: »Wenn jemand für alles offen ist, kann er nicht ganz dicht sein.« In der Begegnung mit ihnen habe ich auch nicht das Gefühl, es mit einem wirklichen Gegenüber zu tun zu haben, mit jemandem, der wirklich mit mir Kontakt aufnimmt. Er ist auch nicht wirklich anwesend, huscht an mir vorbei. Er erinnert mich an Menschen, von denen Sören Kierkegaard (1984,23) sagt:

Das Lächerlichste von dieser Welt sind mir die Leute, die es eilig haben, nicht schnell genug essen und arbeiten können. Sehe ich, wie einem solchen Geschäftigen sich im entscheidenden Augenblick eine Fliege auf die Nase setzt oder wie ihn ein Wagen, der noch mehr pressiert als er, mit Kot bespritzt oder wie die Schranke am Eisenbahnübergang ihm vor der Nase zugeht oder wie ihm ein Dachziegel auf den Kopf fällt und ihn totschlägt, so lache ich von Herzen. Wer möchte da nicht lachen! Was richten sie aus, diese ewig Hastenden? Geht es ihnen nicht wie jener Frau, die aus ihrem brennenden Haus in der Verwirrung die Feuerzange rettete?

Bei jenem Menschen, der meint, für alle dasein zu müssen, komme ich mir selbst vor wie *alle*. Unsere Begegnung, wenn sie es überhaupt verdient, so genannt zu werden, kennt nicht die Erfahrung, wenigstens für einen Moment wirklich miteinander in eine Verbindung getreten zu sein, aus dem *alle* der

Masse herauszutreten und in ein je Eigenes, Persönliches, Einzigartiges einzutreten. Mir kommen dazu die Worte von Martin Buber (1984,168) in den Sinn: »Ich kenne Leute, die in der ‚sozialen Tätigkeit‘ aufgehen und nie mit einem Menschen von Wesen zu Wesen geredet haben.«

Mein Ja zu etwas muß abgedeckt sein von mir. *Ich* soll über mein Ja zum Ausdruck kommen. Es soll darin etwas von mir leben, von dem, was ich will, was zu meiner Welt gehört, was mit meinen Wertvorstellungen und Zielen zu tun hat. Das aber wird es nur können, wenn da ein Ich ist, wenn ich um mich weiß, mit mir in Berührung bin. Bin ich aber mit mir in Berührung, dann bin ich auch mit meinen Bedürfnissen, mit dem, was ich brauche, was mir gut tut, in Berührung. Und ich bin nur dann wirklich mit mir in Berührung, wenn ich auch mit dieser bedürftigen Seite in mir in Berührung bin.

Bin ich aber mit mir selbst, einschließlich meiner bedürftigen Seite, nicht in Berührung, dann bin ich meiner selbst entrückt. Dann bin ich auch alles andere als selbstlos, wie so manche irrigerweise annehmen, die meinen, im Dienst für andere aufzugehen beziehungsweise aufgehen zu müssen. Zumindest sind sie nicht selbstlos in dem Sinne, wie sie es meinen, daß sie sich für andere unter Hintanstellung eigener Bedürfnisse und Interessen hingeben. Denn sie sind ja gar nicht länger sie selbst, ihr Selbst, ihr Ich. Die Quelle ihrer Entscheidung und ihres Tuns ist nicht länger gespeist von ihrer Mitte, jenem Zentrum, das sie frei für etwas entscheiden läßt. Ihr Tun wird von Kräften und Stimmungen gesteuert, die den Bezug zu ihrer Mitte verloren haben und die sich recht schnell als Schuldgefühle, als negative Einstellung sich selbst gegenüber, als Minderwertigkeitsgefühle und dergleichen mehr herausstellen können. So meint denn auch Joseph Ratzinger (1982,82): »Wer nur übernatürlich, nur selbstlos sein will, ist zwar am Schluß ichlos, aber alles andere als selbstlos.«

*Der Egoismus ist zwar den Menschen
natürlich und ganz von selber da, aber
keineswegs die Annahme seiner selbst.
Den ersten (den Egoismus) muß man
überwinden, das zweite (die Annahme
seiner selbst) muß man finden.
Es gehört gewiß zu den gefährlichsten
Fehlern christlicher Pädagogen und
Moralisten, daß sie nicht selten beides
verwechselt und dabei das Ja zu sich
selbst ausgetrieben, den Egoismus als die
Rache des verleugneten Selbst aber nur
um so gründlicher bestärkt haben.*

Joseph Ratzinger

7.

Sich gut sein heißt nicht, egoistisch zu sein

Wenn ich sage, die Kunst, sich gut zu sein, geht einher mit der Kunst, nein zu sagen, will ich nicht einem egoistischen Verhalten huldigen, bei dem ich nur mich im Blick habe und mich vornehm in Privatheit und Unverantwortlichkeit zurückziehe. Es gibt Menschen, die nach dem Motto »Man gönnt sich ja sonst nichts« einer Mentalität verfallen, die sehr viel mit Verbürgerlichung und Rückzug in die Privatheit und recht wenig mit der Kunst, sich gut zu sein, zu tun hat. Sie ziehen sich zurück in eine Welt der Bequemlichkeit, Ästhetik und Esoterik, die sie anscheinend schützt vor der Wirklichkeit des Alltags und der Verantwortung für etwas, was über ihre eigene Welt hinausgeht.

Mir geht es nicht um eine Verunglimpfung von Erfahrungen, die mit Genießen, mit Lust am Leben zu tun haben. Ich bin sehr für diese Erfahrungen. Vielmehr will ich vor einer möglichen extremen Entwicklung warnen, die im Namen der Kunst, sich gut zu sein, einer Lebensgestaltung des Genießens und der Lusterfahrung erliegt, die eher die Bezeichnung Egoismus verdient. Denn wer das Kreisen um sich selbst als den goldenen Weg der Selbstverwirklichung propagiert, gibt sich einer grausamen Selbsttäuschung hin, da er damit den heilenden Kräften liebender Beziehungen eine Bankrotterklärung erteilt. Wer glaubt: »ich bin ich und ich bin mir gut genug«, sollte sich die Worte von Angelus Silesius aus dem 17. Jahrhundert zu Herzen nehmen:

Nichts hält Dich fest
außer Dein Ich –
bis Du aufbrichst
seine Ketten,
seine Handschellen
und frei bist.

Den Unterschied zwischen Egoismus und einem Ja zu sich selbst, wie es in der Kunst, sich gut zu sein, zum Ausdruck kommen kann, stellt Joseph Ratzinger (1982,83) heraus, wenn er sagt:

Der Egoismus ist zwar den Menschen natürlich und ganz von selber da, aber keineswegs die Annahme seiner selbst. Den ersten (den Egoismus) muß man überwinden, das zweite (die Annahme seiner selbst) muß man finden. Es gehört gewiß zu den gefährlichsten Fehlern christlicher Pädagogen und Moralisten, daß sie nicht selten beides verwechselt

und dabei das Ja zu sich selbst ausgetrieben, den
Egoismus als die Rache des verleugneten Selbst aber
nur um so gründlicher bestärkt haben.

Eine Einstellung und ein Verhalten, das auf Verantwortung und Sorge anderer *und* mir gegenüber gründet, kann also nicht mit Egoismus gleichgesetzt werden, mit einem sich Zurückziehen in die Privatheit und dem Abschotten gegenüber der Verantwortung für meine Mitmenschen und meine Umwelt. Das schließt nicht aus, daß es Zeiten geben mag, in denen die äußeren Umstände, die Not des anderen von mir verlangen, die Sorge um mich zu vernachlässigen, um einfach für den anderen dazusein.

Auch gibt es Männer und Frauen, die ganz aufgehen in der Arbeit für andere, die wirklich selbstlos handeln. Es wäre in meinen Augen vermessen, ihre Motive und ihr Tun in Frage zu stellen angesichts der eigenen Begrenztheit und Armseligkeit, die weit hinter ihrem Mut, ihrer Hingabe zurückbleiben.

Sie unterscheidet von sogenannten »selbstlosen« Menschen, daß sie ihr Selbst in ihrem Tun zum Ausdruck bringen. Sie können das in dieser Radikalität nur tun, weil es ganz und gar abgedeckt ist von ihrem Selbst. Ihr Ja zum anderen ist zugleich ein Ja zu sich selbst. Im Gegensatz zu jenen, die anscheinend selbstlos handeln, deren Ja zum anderen Menschen aber mit einem Nein zu sich selbst einhergeht und die damit oft das wiederholen, was sie tief in sich spüren: nicht angenommen und nicht geliebt zu sein.

*Heute scheint es mir, daß Liebe und
Freundschaft die wichtigste Rolle im
Leben spielen und daß ohne sie selbst die
höchsten Errungenschaften blaß, leer und
gefährlich bleiben.*

Paul K. Feyerabend

8.

Liebe und Arbeit

*E*ine recht wirkungsvolle Maßnahme gegen die Gefahr, die Aufmerksamkeit für sich selbst zu vernachlässigen, besteht darin, von vornherein darauf bedacht zu sein, eine gute Balance zwischen Arbeit und Freizeit zu gewährleisten. Das heißt, der *pain area*, dem Bereich der Arbeit, des Dienstes, der Verpflichtung, eine *play area*, Zeiten der Entspannung, des kreativen Schaffens, gegenüberzustellen. Nicht umsonst hat bereits Sigmund Freud Liebe und Arbeit als die entscheidenden Kennzeichen für ein auch psychisch gesundes Leben herausgestellt.

Wenn die Seite, die für Lieben, Spielen, Phantasieren, kreatives und zweckloses Tun, Tanzen, Kunst und Kultur steht, immer mehr vernachlässigt wird, gerät der Mensch aus dem Gleichgewicht, verliert er seine Ausgeglichenheit, wird er und wirkt er unausgeglichen. Als zuverlässige Bollwerke gegen die Gefahr des Ausbrennens erweisen sich daher fest in der Lebensgestaltung eingewurzelte Strukturen und Gewohnheiten, die Freizeit, Zeit des Spielens und der Entspannung garantieren.

Das kann mit einer so selbstverständlichen Einrichtung wie dem Sonntag beginnen, wenn der Tag entsprechend als freier Tag genutzt wird. Das kann heißen, genügend Urlaub zu nehmen, wenn der dann nicht auch wieder in Streß ausartet. Vor allem aber bedeutet das, daß jene Bereiche, die der Erholung, dem »Auftanken« mit neuen Ideen und Eindrükken und zweckfreiem Tun dienen, ein solches Gewicht haben müssen, daß sie angesichts all der Anforderungen aus dem Bereich der Arbeit, des »Muß« nicht untergehen. Das aber setzt voraus, daß wir sie selbst so sehr gewichten, sie für so wichtig erachten, daß wir sie auch dann, wenn sie gefährdet sind, verteidigen. Damit sie nicht zu kurz kommen, bedürfen sie oft einer Struktur, eines festen Einplanens in den üblichen Tagesablauf, da sonst die Gefahr besteht, daß sie vernachlässigt werden und untergehen.

Es läßt sich ein deutlicher Zusammenhang herstellen zwischen der Fähigkeit zu spielen und seelischer Ausgeglichenheit und Gesundheit. Auf der anderen Seite ist es offensichtlich, daß die Unfähigkeit und Weigerung zu spielen, Ausdruck einer unsicheren und psychisch beeinträchtigten Person sein kann (vgl. Menninger 1967,33). Beim Spielen geht es darum, etwas des Spaßes wegen zu tun, ohne daraus einen bestimmten Nutzen oder finanziellen Gewinn erzielen zu wollen: »Ein solches Tun bringt psychologisch gesehen einen Erneuerungsprozeß mit sich. Es handelt sich dabei um eine Erfahrung, bei der ich wieder kreativ werde. Dieses Tun macht es möglich, zur psychologisch wenig aufbauenden Routine oder Arbeit zurückzukehren, bei der die Motivation darin besteht, den Job zu tun.« (1967, 34)

In Wettbewerbsspielen wie Fußball, Tennis, Badminton, Kegeln, aber auch Schach, Kartenspielen oder *Mensch, ärgere dich nicht* kann unsere aggressive Seite ausgelebt werden. Im Dichten, Komponieren, Basteln, Backen, Kochen, Steppen usw. kann die kreative Seite in uns zum Ausdruck gebracht werden. Entspannung durch Unterhaltung – Musik hören, Lesen, Filme anschauen, Kunstwerke betrachten – erlaubt uns passiv zu sein und zugleich ersatzweise an etwas teilzunehmen (vgl. 36).

Regelmäßiges Schwimmen, Saunieren, Spazierengehen, sich Zeit gönnen, mit anderen etwas Schönes zu unternehmen, etwas zu genießen, stellen weitere Möglichkeiten zweckfreien Tuns dar, die den monotonen, stark an einem Zweck und Ziel ausgerichteten üblichen Rhythmus des Berufsalltags auflockern und durchbrechen können. Bereits der Prediger im Alten Testament ruft uns zu solchem zweckfreien Handeln auf:

Also: Iß freudig dein Brot, und trink vergnügt deinen Wein; denn das, was du tust, hat Gott längst

so festgelegt, wie es ihm gefiel. Trag jederzeit fri-
sche Kleider, und nie fehle duftendes Öl auf deinem
Haupt. Mit einer Frau, die du liebst, genieß das
Leben alle Tage deines Lebens... Denn das ist dein
Anteil am Leben und an deinem Besitz, für den du
dich unter der Sonne anstrengst. (Koh 9,7-9)

Oft geht es dabei, wenn ich mir freie Zeit nehme, nicht so sehr darum, *wieviel* Zeit ich mir nehme, sondern, *was* ich mit der mir zur Verfügung
stehenden Zeit tue, wie hoch die Qualität meiner
Anwesenheit dabei ist. So kann ich stundenlang vor
dem Fernseher sitzen, zwischendurch immer wieder mit der Fernbedienung die einzelnen Programm-
me durchjagen oder im Internet surfen und dabei
Süßigkeiten in mich hineinstopfen oder mir das eine
oder andere zusätzliche Bier gönnen – *ich will mir
ja etwas Gutes tun* –, ohne daß das dazu beitragen
würde, mich wirklich zu entspannen, abschalten zu
können, meinem Herz und meiner Seele Nahrung
zu geben.

Das läßt sich auch auf andere Bereiche übertra-
gen. Eine Partnerschaft und Freundschaften bei-
spielsweise, die ein sehr starkes Gegengewicht zur
Welt des Funktionierens, der Pflicht und des »Lei-
sten-Müssens« darstellen können, werden dies nur
dann sein können, wenn sie auch entsprechend
qualifiziert im Sinne von beiderseitiger echter An-
teilnahme gelebt werden. Zu meinen, daß es allein

aufgrund der Tatsache, daß ich einen Freund, eine Frau, eine Familie habe, in meinem Leben ein starkes Gegengewicht gegen die Gefährdung des Ausbrennens gibt, ist ein Trugschluß. Wenn sich in diesen Beziehungen wiederholt, was für den Arbeitsbereich gilt, kann es sehr schnell passieren, daß diese Beziehungen zu einer zusätzlichen Quelle des Ausbrennens werden. Wenn ich aber wirklich in diesen Beziehungen lebe, das heißt, diese Beziehungen pflege, emotional großenteils darin aufgehe, es mich *dahin* zieht, ich *dort* mein Zuhause habe, dann habe ich in meinen Freundschaften, meiner Ehe, meiner Familie, meiner Gemeinschaft einen Hort gefunden, der vor den Anforderungen aus der Welt der Leistung, des »Funktionieren-Müssens« bestehen kann. Dann zieht es mich nicht stärker zur Arbeit als zu meiner Familie oder meinen Freunden – so wichtig mir die Arbeit ist. Dann bin ich bereit, um das nicht zu gefährden, was mir kostbar ist, was mir letztlich alles bedeutet, Einschnitte im Bereich der Arbeit hinzunehmen, auch wenn es mir weh tut.

Vermutlich wird mir das erst gelingen, wenn ich wirklich mit Leib und Seele, aus der Tiefe meines Seins heraus, erkannt habe, was Liebe, was Freundschaft bedeutet.

Ich selbst nehme, wenn ich mir zuviel Arbeit aufgeladen habe und deswegen weniger zu Hause bin, bei mir die Angst wahr, folgender Satz meiner Kinder könnte ausbleiben: »Papi, spiel mit mir!« Denn, wenn die eigenen Kinder diese Frage nicht mehr stellen, weil sie ständig frustriert werden – spätestens dann stimmt die Balance von Liebe und Arbeit nicht mehr.

»Sein Leben war Arbeit« – liest man bisweilen in Todesanzeigen. Er hat sein ganzes Leben lang gearbeitet. Genau das könnte am Lebensende eines Ochsens auch bilanziert werden. Wie heißt es doch bei Eugen Roth:

Ein Mensch sorgt – und ist stolz darauf –,
er geh' in seinen Pflichten auf.
Bald aber, nicht mehr ganz so munter,
geht er in seinen Pflichten unter.

Henry David Thoreau, der über ein Jahr lang in einer Hütte am Waldensee an der Ostküste der USA lebte, sagt von sich:

...ich war reich, wenn auch nicht an Geld, so doch an sonnigen Stunden und Sonnentagen, ich gab sie aus mit offener Hand. Auch bedauere ich nicht, daß ich nicht mehr von ihnen auf dem Katheder und in der Werkstatt verschwendete. Die Kinder, die das Leben spielen, erfassen seine wahren Gesetze und Beziehungen richtiger als die Erwachsenen, die nicht fertigbringen, es würdig zu leben, sich aber durch Erfahrung, das heißt das Fehlschlagen ihrer Pläne, für weiter halten. (1979,193)

Bei der Gestaltung des Alltags ist es also wichtig, dafür Sorge zu tragen, daß der privaten Welt, den persönlichen Bedürfnissen, der Seite meines Selbst, die für Beziehungen, Lust, Freude, Entspannung, Ästhetik, Kultur, Freizeit steht, genügend Platz eingeräumt wird.

*Wer seinen Freund aus dem Schlamm
und dem Abfall holen will, muß selbst in
den Schlamm und den Abfall hineingehen,
um ihn dort herauszuholen. Um zu
verhindern, daß er dabei versinkt,
soll er ein Seil um sich binden,
bevor er hinabsteigt.*

Nach einer Chassidischen Erzählung

9.

Das rechte Verhältnis von Nähe und Distanz

Die Kunst, sich gut zu sein, steht besonders für Menschen in helfenden Berufen in einem engen Zusammenhang mit der Fähigkeit, im Arbeitsbereich ein ausbalanciertes Verhältnis von Nähe und Distanz zu erlangen. Hier wird deutlich, wie wichtig das Eingebundensein in eine intime emotionale Beziehung außerhalb des Arbeitsbereiches ist, in der ich meine emotionalen Grundbedürfnisse stillen und leben kann. Zwar nicht alle und nicht ganz. Doch das ist auch nicht notwendig. Ja, es ist sogar wünschenswert, daß bei meiner Arbeit auch ein Teil meiner emotionalen Bedürfnisse zum Zuge kommt. Hier geht es nur darum, in meiner Arbeit das rechte Maß dafür zu finden. Ein Maß, das dem, für den ich da bin, *und* mir gleichermaßen gerecht wird. So ist es für jemanden, der in einem helfenden Beruf tätig ist, sei es als Krankenschwester, Sozialarbeiter, Seelsorger oder Arzt, sogar notwendig, daß ihm der andere Mensch, für den er da ist, etwas bedeutet, damit er sich wirklich auf ihn einlassen kann, versuchen kann, ihn zu verstehen und in seiner Not zu berühren. Leider machen viele vor solch einem persönlichen Einsatz Halt, geschweige denn, daß sie zulassen, Mitleid für den anderen zu empfinden oder gar wirklich mit ihm zu leiden.

Hier ist es nicht einfach, klar zu sagen, was richtig ist. Es ist wichtig, die genauen Umstände, die Aufgabe, die mir zukommt und meine persönliche Situation mit einzubeziehen. Es geht um eine ausgewogene Balance zwischen Nähe und Distanz gegenüber dem Menschen, für den ich da bin. Übermäßige innere Beteiligung, Mitleiden, die »Ungeduld des Herzens«, wie es Stefan Zweig formuliert, können zum Verlust meiner helfenden Kompetenz führen. Sie können dazu beitragen, daß ich meinen Pol als Helfer verlasse, ich nicht länger in der Lage bin, für die anderen dazusein, ihnen das zu geben, was von mir als Arzt, Seelsorger, Therapeut, Krankenschwester oder Sozialarbeiter *auch* erwartet wird. Auf der anderen Seite kann eine übermäßige Distanzierung zu einer Ent-Menschlichung der Beziehung zu dem Menschen führen, für den ich da sein will.

Solange ich nicht die richtige Balance finde, wird diese Unausgeglichenheit immer wieder zum Gefahrenpunkt für die Entwicklung inneren Ausbrennens werden. Dieser Gefahr wird man als Helfer allerdings nie ganz entrinnen können. Denn solange ich offen bin für eine lebendige Beziehung zu dem Menschen, für den ich da bin, solange bleibe ich anfällig für psychische Prozesse, die zum emotionalen Ausbrennen führen können. Doch allein schon die Tatsache, daß ich um diese Gefährdung weiß, kann mir eine Hilfe sein, kann mich dafür sensibler machen, manche »Fußangeln, Gefährdungen und Fehlentwicklungen« (Fengler 1992, 31) zu vermeiden.

Verliere ich die angemessene Balance zwischen Nähe und Distanz zu den Menschen, denen ich helfen will, sind Tür und Tor geöffnet für berufliche Deformationen, die im Beruf, aber auch im privaten Leben weitreichende Folgen haben können.

Zuviel Nähe kann unter anderem dazu führen, daß ich in dem Menschen, für den ich da bin, nicht länger den anderen sehe. Doch so sehr ich ihm menschlich offen, mit Empathie und Wohlwollen begegnen will, muß und soll er dieser andere bleiben. Ich bin für ihn da und er ist nicht für mich da. Darauf hat bereits Martin Buber aufmerksam gemacht, wenn er vom Lehrer, Therapeuten und Seelsorger sagt, daß sie um ihrer Wirksamkeit willen diese Einseitigkeit in der Beziehung nicht auflösen dürfen, um gleichsam auf die gleiche Ebene mit der anderen Person zu kommen. So meint er: »Heilen wie erziehen kann nur der gegenüber Lebende und auch Entrückte.« (1984, 132)

Ich muß mich, so sehr ich mich auf die äußere und innere Not der anderen Person einlasse und auch einlassen soll, immer wieder auf meinen Pol als Helfer und Helferin zurückziehen können. Ich bin nicht der Freund, der Partner, die Mutter, der Vater für den anderen. Ich bin es manchmal im übertragenen Sinne als Psychotherapeut. Ich bin es aber nicht in dem Sinne, wie es im konkreten Leben der Fall ist. Ich lasse in den helfenden Begegnungen Empfindungen und Gefühle zu, die auch Menschen, die sich verstehen, die sich respektieren, ja lieben, zulassen. Aber ich bin dann wie durch ein unsichtbares Seil mit meiner Seite, mit meiner Rolle als Psychotherapeut verbunden, um mich, bevor ich mich im anderen verliere, rechtzeitig zurückziehen zu können.

Wichtig ist auch, daß mein Bedürfnis, gebraucht zu werden oder das Gefühl, nur dann wertvoll zu sein, wenn ich für andere da bin, nicht dazu führt, daß ich anderen zuviel emotionale Nähe schenke. Denn das kann bedeuten, daß ich – vergeblich – versuche, mein eigenes emotionales Loch zu stopfen und den anderen mißbrauche, um mich aufzubauen. Hier kann sich für jemanden in einem helfenden Beruf ein Faß ohne Boden auftun. Er mag sich unablässig bemühen durch seine Hilfe und sein Engagement das Gefühl des Angenommenseins zu erfahren, um immer wieder die Erfahrung zu machen, daß diese Erfahrung nicht anhält. Das führt dazu, daß ich mich immer mehr in den Dienst, den Einsatz für andere stürze und der Teufelskreis sich fortsetzt, bis ich schließlich, erschöpft wie ich bin, nicht mehr kann.

Ich werde als Helfer und Helferin auch in meinen privaten Beziehungen immer meinen beruflichen Hintergrund, meine Weise, auf Menschen und Dinge zu reagieren und einzugehen, miteinbringen. Ich kann dies nicht einfach ablegen. In einem gewissen Ausmaß ist das auch so in Ordnung, oder es ist einfach so. Unausstehlich wird es, wenn ich meine berufliche Art und Weise, Menschen zu begegnen, ohne Berücksichtigung und Würdigung des anderen Kontextes übernehme. Wenn ich zum Beispiel meinem Partner, meiner Freundin, meinen Mitschwestern ständig mit derselben pastoralen Zuwendung begegne wie den Menschen, für die ich als Pastoralreferent, Gemeindereferentin oder Ordensfrau da bin. Solch ein Verhalten im privaten Bereich wird der andere mit Recht ablehnen. Es hält den anderen auf Distanz und macht eine echte persönliche Begegnung, um die es bei einer Partnerschaft ja geht, unmöglich. Auch kann ich als Psychotherapeut in meiner Beziehung zu meiner Frau und zu meinen Kindern nicht ständig die einfühlsame Haltung zum Ausdruck bringen, die in der Begegnung mit einem ratsuchenden Menschen von mir erwartet werden kann. Abgesehen davon, daß *ich* dann nicht auf meine Kosten komme, wird sich meine Ehefrau bedanken, auf Dauer mit jemandem leben zu müssen, der sie nur versteht, mit dem sie nicht auch einmal streiten, diskutieren und von dem sie auch etwas fordern kann.

In meiner Freundschaft und in meiner Partnerschaft bin ich nicht der Helfer in dem Sinne, wie ich es in meinem Beruf bin. Ich bin es immer wieder auch, zugleich wird aber immer wieder auch einmal mein Partner oder mein Freund mir gegenüber in die Rolle des »Helfers« rücken. Wenn ich mir das bewußt mache, bringe ich zusätzlich Streß in meine Beziehung und werde nie hinreichend unterscheiden können zwischen dem, was für meinen Beruf angebracht, für meine private Beziehung aber unangemessen ist. Meine Beziehung vermag mir dann auf Dauer auch nicht das zu geben, was ich als Ausgleich benötige, um in meinem Dienst wieder für andere dasein zu können. In meinen privaten Beziehungen und Freundschaften muß auch ich die Erfahrung machen dürfen, daß jemand für mich da ist, daß ich mich fallen lassen darf, daß ich nicht funktionieren, Erwartungen gerecht werden muß – jedenfalls nicht in der Weise, wie das für meinen Dienst und meine Arbeit typisch ist.

Ich finde Entspannung,
indem ich Menschen Gutes tue.

Gianni Versace

10.

Ich tue mir Gutes, wenn ich anderen Gutes tue

Der Mystiker Thomas Merton (1951,42) vergleicht Ärzte und Pflegerinnen mit Heiligen. Sie sind den Kranken »wohl darin überlegen ..., daß sie gesund sind und sie zu heilen vermögen, sich aber gleichwohl zu Dienern der Kranken machen und ihnen ihre eigene Gesundheit und Heilkunst widmen«. Bei Heiligen kann es nicht darum gehen, durch ihre Heiligkeit Bewunderung durch andere zu erfahren. Vielmehr soll sie ihre Heiligkeit befähigen, die anderen zu bewundern und die Heiligkeit in ihnen zu entdecken.

Wieviele Männer und Frauen im helfenden Beruf, seien sie Seelsorger, Ärzte oder Psychologen, haben nicht längst hinter sich gelassen, wofür sie eigentlich da sind: Diener und Dienerin für die in Not Befindlichen zu sein, ihnen ihre Heilkunst, ihre Aufmerksamkeit, ihr lebendiges Interesse zu widmen. Statt dessen sind sie in erster Linie daran interessiert, Aufmerksamkeit, Interesse, Bewunderung für sich selbst zu erhaschen.

Der berühmte Professor, der vor lauter Forschung, Veröffentlichungen, Teilnahme an Kongressen – natürlich im Dienst am kranken Menschen, wehe wer anderes denkt – keine Zeit mehr hat für die unmittelbare, direkte, ganz einfache menschliche Begegnung mit der Person, für die er zuallererst da ist.

Der hochgeachtete Psychotherapeut, der, weil es ja niemand so gut kann wie er, einen Klienten nach dem anderen durchschleust, ohne zu merken oder sich zuzugestehen, wie schal sein Einfühlungsvermögen geworden ist, wie aufgesetzt seine Wärme wirkt, wie im Grunde genommen jedes zusätzliche Gespräch für ihn lästig ist. Er hat längst aufgehört, wirklich mit dem Herzen dabeizusein, was von ihm erwartet werden darf. Er benutzt seine Klienten für die Aufrechterhaltung seines Ego, braucht sie, ihre Bewunderung, für sich, statt daß er wirklich für sie da ist, und seine Spontanität, sein Einfühlungsvermögen, seine Fähigkeit, den anderen vollkommen anzunehmen und in ihm ein Wunder zu entdecken, in den Dienst für sie stellt.

Der Seelsorger, dem der Ruf vorausgeht, besonders einfühlend zu sein, immer die richtigen Worte zu finden und dabei sogar noch auf eine moderne Weise fromm zu sein, und der damit schon fast in den Verdacht eines heiligmäßigen Lebens gerät, läuft Gefahr, so sehr diesem Bild gerecht werden zu wollen, daß er seinen Auftrag vergißt, die Heiligkeit im anderen zu wecken und zu entdecken.

Ich bin überzeugt, daß jene, die so hoch hinaus wollen, gut daran täten und sich selbst etwas Gutes tun würden, wenn sie die Erfüllung ihres Lebenssinnes wieder stärker dadurch zu erlangen suchten, wofür sie eigentlich da sind: für die unmittelbare Begegnung und Auseinandersetzung mit dem ganz konkreten Menschen. Dann bleibt immer noch viel Zeit für all das andere, das auch sein soll, das ja auch wichtig ist, das aber nicht auf einmal wichtiger werden darf als diese unmittelbare Begegnung mit den Menschen, für die sie da sind und da sein sollen. Die Unmittelbarkeit in der Begegnung, das wirkliche Festmachen ihres Seins und Tuns an dem konkreten Menschen würde sie erden. Sie schützen sie davor, daß sie abheben und immer beziehungsloser werden.

Manche Mitmenschen, die meinen, etwas Besonderes zu sein, täten sich etwas Gutes, würden sie folgenden Ausspruch Montaignes beherzigen: »Doch wir mögen noch so sehr auf Stelzen steigen, auch auf Stelzen müssen wir mit unseren Beinen gehen. Und auf dem höchsten Thron der Welt sitzen wir doch nur auf unserem Hintern.« Wir sollten zu uns selbst immer wieder einmal sagen: »Nimm dich nicht so wichtig.« Wenn wir dazu in der Lage sind und davon wirklich überzeugt sind, geht von diesem

Wissen etwas sehr Beruhigendes und Entspannendes aus – etwas, das uns sehr gut tut.

Der tibetische Buddhismus hat »den Buddha in einen Bodhisattwa, einen Fremderlöser, einen Heiland, umgedeutet. Bodhisattwas, die ihren Eingang ins Nirwana um der Erlösungsbedürftigen willen verzögern, personifizieren *metta*, ein umfassendes Mit-Gefühl« (Lütkehaus 1994,28). Ist das nicht ein schöner Gedanke: Der Helfer, der seine eigene Erlösung nicht preisgibt, der auf seine eigene Verwirklichung nicht verzichtet, ist bereit, jenen zuliebe, die seiner Hilfe bedürfen, die eigene Verwirklichung hinauszuzögern. Statt an meinem Ruhm, meiner Anerkennung, meiner Heiligkeit zu arbeiten, sie möglichst schnell auf direktem Weg erlangen zu wollen, zögere ich mit Blick auf die anderen die Erlangung dieser Ziele hinaus, um dann vielleicht sogar die Erfahrung zu machen, erst durch die Ablenkungen, gleichsam als Nebenprodukt, die erwünschten und ersehnten Ziele zu erreichen. Wie es jenem Professor für Ethik und Moral erging, den immer wieder hilfesuchende Menschen bei seinem Studium unterbrachen und der am Ende seines Lebens feststellte, daß es genau jene Unterbrechungen waren, die er als die wertvollsten und sinnvollsten Stunden in seinem Leben erfahren durfte.

Dieser Baum da singt das Lob Gottes, indem er seine Wurzeln im Erdreich ausbreitet und seine Äste in die Luft und das Licht erhebt auf eine Weise, wie es kein anderer Baum vor oder nach ihm je getan hat oder tun wird.

Thomas Merton

11.

Im Boden verwurzelt und zum Himmel ausgestreckt

Alexander Lowen, Psychologe und Begründer der Bioenergetik, vergleicht den psychisch gesunden Menschen mit einem Baum, der tief im Boden verwurzelt ist und seine Äste weit ausladend dem Himmel entgegenstreckt. In religiöser Sprache drückt das gleiche der Trappist und Mystiker Thomas Merton aus, wenn er sagt: »Dieser Baum da singt das Lob Gottes, indem er seine Wurzeln im Erdreich ausbreitet und seine Äste in die Luft und das Licht erhebt auf eine Weise, wie es kein anderer Baum vor oder nach ihm je getan hat oder tun wird.«

Die Kunst zu beherrschen, mir gut zu sein, kann heißen, auf unsere körperlichen Bedürfnisse zu achten, unsere psychischen Bedürfnisse und Sehnsüchte ernst zu nehmen, sich mit gesellschaftlichen und sozialen Gegebenheiten auseinanderzusetzen und sie so zu gestalten, daß sie zum Wohle des einzelnen beitragen. Die Möglichkeit, mir gut zu sein, würde aber gestutzt werden, ja uns würde eine ganz entscheidende Dimension, die uns gut tun kann, vorenthalten, würden wir uns der Dimension von oben verschließen.

Wenn wir tief in unser Herz hineinhören, aber auch, wenn wir wirklich auf das hören, was das Innerste der Menschen, mit denen wir leben und arbeiten, spricht, werden wir manchmal als Flüstern, dann unüberhörbar als Schrei eine Sehnsucht hören, die nach etwas verlangt, das uns trägt und hält. Die Sehnsucht, in einer chaotischen Welt einen Halt, eine Orientierung, einen Sinn zu finden.

Es ist ein Verlangen, ein Sehnen, das von all dem Glück auf Erden, von all dem, was einem sonst noch guttut, nicht abgedeckt, nicht gestillt werden kann. Damit soll all das, was zu dem sogenannten irdischen Glück beiträgt, nicht relativiert werden, wie die Pflege meines Leibes, ein gesundes Selbstwertgefühl, erfüllende Beziehungen, die Erfahrung von Liebe, von sexueller Intimität, von Ekstase, die Freude über Erfolg, kindliche Ausgelassenheit oder die Befriedigung, die von Kreativität und Schaffenskraft ausgehen kann. Sie alle gehören zum Leben, zum ganzen Leben. Zum ganzen Leben gehört aber auch, mit dem in Beziehung zu sein, was über uns hinausweist, was uns dazu bewegt, uns wie die Äste eines Baumes nach oben zu strecken, weil wir dort *die* Luft und *das* Leben zu erhalten hoffen, *die* Nahrung und *den* Segen, der unseren Leib und unsere Seele nährt.

Unsere Gesellschaft und unsere Kirchen scheinen immer weniger in der Lage zu sein, diesem grundsätzlichen, existentiellen Verlangen und Sehnen in uns gerecht zu werden. Dabei wären gerade die Kirchen in dieser Situation gefordert, könnten gerade *sie* aus dem großen Schatz ihrer Glaubens- und Sinnerfahrung den Menschen etwas von dem geben, wonach sie sich sehnen. Sie könnten Orte sein, an denen Menschen Halt und Sinn erfahren dürfen. Die Kirchen könnten in den Menschen die Offenheit für das Geheimnis und das Geheimnisvolle wachhalten und sie dazu einladen, mit dem Geheimnisvollen in Berührung zu kommen, sich von ihm ergreifen zu lassen. Sie würden damit auf eine ganz fundamentale Weise Menschen etwas Gutes tun, indem sie sich ihnen als den Weg anbieten, der zu DEM führt, DER allein gut und davon beseelt ist, bei uns einkehren zu dürfen, sein Gutsein in uns auszubreiten, um uns Gutes zu tun.

*Wenn ich entdecken sollte, daß ich selber
der Almosen meiner Güte bedarf,
daß ich mir selbst der zu liebende Feind
bin, was dann?*

C. G. Jung

12.

*Sich gut sein heißt, Barmherzig-
keit gegen sich selbst zu üben*

Ich hatte zu Beginn das Bild des alten Greises ein-
geführt, der sich auf dem Rücken des Mitleidenden
festkrallt, und vermutet, daß wir selbst manchmal
dieses garstige Männlein sein können. Es kann die
Seiten und Kräfte in uns repräsentieren, die wir zwar
oft spüren, ja schmerzvoll erfahren, aber nicht zu
Gesicht bekommen. Manchmal ziehen wir es auch
vor, sie zu übersehen, zum einen, weil es zu weh
tut, zum anderen, weil es vielleicht auch leichter
ist, Gott und die Welt, dieses und jenes für unsere
Misere verantwortlich zu machen. Will ich daher
wirklich meine Situation verändern, zumindest so-
weit es von mir abhängt, muß ich den Blick auf dieses Hucke-Pack-Männlein aushalten, mir dabei
selbst ins Gesicht schauend, und, auch wenn es mir
schwer fällt, dazu stehen, daß ich es selbst bin, der
sich da quält.

Denn, soll es uns wirklich gelingen, uns gut zu
sein, dann muß der Sklavenhalter in uns mitspie-
len. Dazu bedarf es aber in der Tat einer Kunst,

einer Fertigkeit, die nicht wenige überfordern dürfte. Entscheidend ist zunächst einmal, daß wir um diesen Sklavenhalter in uns wissen. Es gibt Kräfte, Strebungen, Einflüsse in uns, die uns schaden. Überlassen wir ihnen das Feld, vereiteln sie unser Bemühen, uns gut zu sein. Solange wir nicht um sie wissen oder so tun, als gäbe es sie nicht, mögen wir immer wieder gute Vorsätze fassen und diese zum Teil auch umsetzen, um schließlich jedoch immer wieder von den Machenschaften unseres eigenen Sklavenhalters eingeholt zu werden. Wir bemühen uns dann vergeblich.

Bin ich mir aber bewußt, daß andere, sehr einflußreiche negative Kräfte für mein Tun und Verhalten, für meine Einstellungen oder wie ich mich erlebe, verantwortlich sind, dann nehme ich das immerhin zur Kenntnis und rechne damit. Es leuchtet mir dann ein, daß sich wenig verändert in meinem Verhalten, solange ich nicht auf diese Kräfte und Einflüsse einwirke.

Wenn destruktive Kräfte in mir selbst mich immer wieder in Gefahr bringen, mich zu verausgaben und mit mir Schindluder zu treiben, dann nützen alle Vorkehrungen, wie vorgenommene Pausen, klare Absprachen und derlei mehr nur bedingt. Dann bedarf es einer intensiven Auseinandersetzung mit mir selbst, wie es zum Beispiel durch eine intensive geistliche Begleitung oder eine Psychotherapie möglich ist. Bevor jedoch jemand zu diesem Schritt bereit ist, vergeht oft viel Zeit, bis die innere Situation sich so zugespitzt hat, daß man für sich kaum eine andere Möglichkeit mehr sieht. Hinzu kommt, daß es nicht einfach ist, sich zuzugestehen, der Hilfe, gar der professionellen Hilfe zu bedürfen. Auch kann, so sehr damit auch die Hoffnung verbunden ist, sich aus der gegenwärtigen Situation zu befreien, das Vorhaben, den Weg der Therapie zu beschreiten, mit großer Angst besetzt sein. Bei diesem Weg geht es darum, daß ich mich mir selbst stelle. Das ist die Herausforderung. Und da gilt, was Martin Heidegger sagt: Der »Weg zum Nahen ist für uns Menschen jederzeit der weiteste und schwerste«. Es ist in der Tat kein harmloses Spiel, so Hermann Stenger (1985,158), in der Psychotherapie »von dem menschlichen Privileg Gebrauch zu machen, sich selbst gegenüber zu treten, um sich unvoreingenommen wahrzunehmen. Sich zu sehen, mit all den ‚guten' Seiten, aber auch mit den dunklen, unheimlichen Kräften, die da am Werk sind.«

Eine oft stark ausgeprägte Seite dieser dunklen Kräfte ist jener Strang in uns, der sich gegen uns selbst richtet. Es sind die Schläge, die wir uns selbst austeilen, die Verachtung, Mißachtung und verweigerte Annahme unserer selbst. Hier ist nach meinen Erfahrungen als Psychotherapeut einer der wesentlichen Gründe für psychische Probleme zu suchen. »Wir lieben andere in dem Ausmaß, wie wir selbst fähig sind, uns zu lieben. Und wenn wir uns nicht selbst hochschätzen, dann vermögen wir auch andere nicht für liebenswert zu erachten«, stellt der Psychologe Harry Stuck Sullivan fest.

Sich selbst zu lieben, sich selbst anzunehmen, kann aber zum Schwierigsten gehören, was einem Menschen jemals aufgetragen ist. Sehr eindrucksvoll beschreibt das Carl Gustav Jung (1971,367f.):

Will ein Arzt einem Menschen helfen, so muß er ihn in seinem So-Sein annehmen können. Er kann es aber nur dann wirklich tun, wenn er zuvor sich selber in seinem So-Sein angenommen hat. Das klingt vielleicht sehr einfach. Das Einfache ist aber immer das Schwierigste. In Wirklichkeit ist nämlich Einfachsein höchste Kunst, und so ist das Sichselbst-Annehmen der Inbegriff des moralischen Problems und der Kern einer ganzen Weltanschauung. Daß ich den Bettler bewirte, daß ich dem Beleidiger vergebe, daß ich den Feind sogar liebe im Namen Christi, ist unzweifelhaft wohltuend. Was ich dem Geringsten unter meinen Brüdern tue, das habe ich Christus getan. Wenn ich aber nun entdecken sollte, daß der Frechste aller Beleidiger, der das Sein selber in mir ist, ja daß ich selber des Almosens meiner Güte bedarf, daß ich mir selbst der zu liebende

Feind bin, was dann? Dann dreht sich in der Regel
die ganze christliche Wahrheit um, dann gibt es
keine Liebe und Geduld mehr, dann sagen wir zum
Bruder in uns ‚Racha‘, dann verurteilen wir und
wüten gegen uns selbst. Nach außen verbergen wir
es, wir leugnen es ab, diesem Geringsten in uns je
begegnet zu sein, und sollte Gott selber es sein, der
in solch verächtlicher Gestalt an uns herantritt, so
hätten wir ihn tausendmal verleugnet, noch ehe
überhaupt ein Hahn gekräht hätte. Wer mit Hilfe
der modernen Psychologie nicht nur hinter die Ku-
lissen seiner Patienten, sondern vor allem hinter
seine eigenen geblickt hat, der muß gestehen, daß
es das Allerschwierigste, ja das Unmögliche ist, sich
selber in seinem erbärmlichen So-Sein anzunehmen.
Schon der bloße Gedanke daran kann einen in
Angstschweiß versetzen, deshalb zieht man mit Ver-
gnügen und ohne Zögern das Komplizierte vor,
nämlich das Nichtwissen um sich selbst und die
geschäftige Bekümmerung um andere und andere
Schwierigkeiten und Sünden.

Von der Kunst, sich gut zu sein – ich glaube, es ist
deutlich geworden, daß der königliche Weg, zugleich
aber auch der am schwierigsten zu bewältigende
Weg, in der Annahme unserer selbst besteht. Das
deutsche Wort *versöhnen* kommt von *versühnen*,
und das mittelhochdeutsche *suene* meint Versöh-

nung, Schlichtung, Friede, Kuß.« »Sich versöhnen mit sich selbst heißt also: Frieden stiften mit sich selbst, den Streit zwischen den verschiedenen sich bekämpfenden Gedanken und Wünschen schlichten, die aufgebrachte Seele beruhigen, alles, was in einem ist, küssen: also gut mit sich umgehen, liebevoll, zärtlich.« (Grün 1995)

Wer jemals erfahren hat, wie wohltuend ein Kuß sein kann – und ich hoffe, alle haben das erfahren dürfen –, der weiß, ja hat es immer wieder erfahren, wie sehr ein solcher Kuß Leib und Seele nähren kann, ihn aufblühen läßt. Und wie ich den Menschen, den ich küsse, mit meinem Kuß bestärke, ihm meine Liebe und Zuneigung zeige, so sage ich ja zu mir selbst, bejahe ich mich selbst, nehme ich mich an, wenn ich all das, was ich bin und in mir ist, küsse. So bleibt mir nur noch, dir zu wünschen, daß du das Küssen nicht verlernst.

Epilog

Den ganzen Tag warte ich auf Dich,
Während meine Kräfte sich verbluten
Im Gift unbeherrschter Aktivität ...
Ich warte auf Dein Schweigen
Und Deinen Frieden,
Die sie stillen und läutern sollen,
O mein Gott.
Du wirst meine Seele heilen,
Wann es Dir gefällt,
Denn ich habe auf Dich vertraut...
Ich will mich nicht länger mit den Gedanken
Und Fragen quälen,
Die mich wie Dornen umringt haben.
Das ist eine Buße, die Du nicht von mir forderst.
Du hast meine Seele
Für Deinen Frieden und Deine Stille erschaffen,
Aber sie ist zerrissen
Von der Unrast meines Tuns
Und meiner Wünsche.
Den ganzen Tag ist mein Geist gekreuzigt
Von seinem eigenen Begehren
Nach Erfahrung, nach Einfällen,
Nach Befriedigung.
Und ich besitze mein Haus nicht in Stille.

Aber ich bin für Deinen Frieden
Erschaffen worden,
Und Du wirst mein Verlangen
Nach der Heiligkeit Deines tiefen Schweigens
Nicht verachten.
O mein Gott,
Du wirst mich nicht für immer
Dieser Trübsal überlassen,
Denn ich habe auf Dich vertraut,
Und ich will auf Deine Tröstung
In Frieden warten
Und ohne mich länger zu beklagen.
Dies Dir zur Ehre.
Ich bin froh, daß diese Blätter mich so zeigen,
Wie ich bin,
Lärmend,
Voll von dem Getöse
Meiner Unvollkommenheiten
Und Leidenschaften
Und mit den weit offenen Wunden,
Die meine Sünden
In mir zurückgelassen haben.
Voll von meiner eigenen Leere
Und dennoch,
So zerstört mein Haus ist,
Du lebst darin!

Thomas Merton (1954)

Literatur

Peter Abel, Miteinander Leben und Hoffnung teilen – diakonische Pastoral mit Gruppen, Würzburg 1994.

Peter Abel, Burnout in der Seelsorge, Mainz 1995.

Martin Buber, Das Dialogische Prinzip, Heidelberg 1984.

Bernhard v. Clairvaux, Was ein Papst erwägen muß, übers. von Hans Urs v. Balthasar, Einsiedeln 1985.

Jörg Fengler, Helfen macht müde. Zur Analyse und Bewältigung von Burnout und beruflicher Deformation, München 1991.

Paul K. Feyerabend, in: Joachim Jung, Ein Feind aller Zwänge, Süddeutsche Zeitung Nr. 87, 1994.

Anselm Grün, Gott suchen – sich selbst finden, in: Der Kreis, hrsg. vom Egbert-Gymnasium u. a., Münsterschwarzach 1992.

A. Grün, Gut mit sich selbst umgehen, Mainz 1995.

Carl Gustav Jung, Ges. Werke, Bd. XI, Zur Psychologie westlicher und östlicher Religion, Olten 1971.

Sören Kierkegaard, in: Jürgen Busche (Hg.), Was ihr den Geist der Zeiten heißt. Der Verführer Sören Kierkegaard, Königstein 1984.

Alexander Lowen, Bioenergetik. Therapie der Seele durch Arbeit mit dem Körper, Hamburg 1993.

Ludger Lütkehaus, Schöner meditieren. Wie der Buddhismus im esoterisch spiritualisierten Westen verhunzt wird, in: DIE ZEIT, Nr. 31, 1994.

William Menninger, Living in a troubled world, Kansas City 1967.

Thomas Merton, Verheißungen der Stille, Einsiedeln 1951.

Thomas Merton, Das Zeichen des Jonas, Einsiedeln 1954.

Thomas Merton, Freiheit in seinem Geist. Täglich ein Text, Mainz 2000.

Wunibald Müller, Die Ehre Gottes ist der lebendige Mensch. Selbstverwirklichung als Menschwerdung, Mainz 1995.

Joseph Ratzinger, Theologische Prinzipienlehre, München 1982.

Hermann Stenger, Verwirklichung unter den Augen Gottes. Psyche und Gnade, Salzburg 1985.

Henry David Thoreau, Walden oder das Leben in den Wäldern, Zürich 1979.